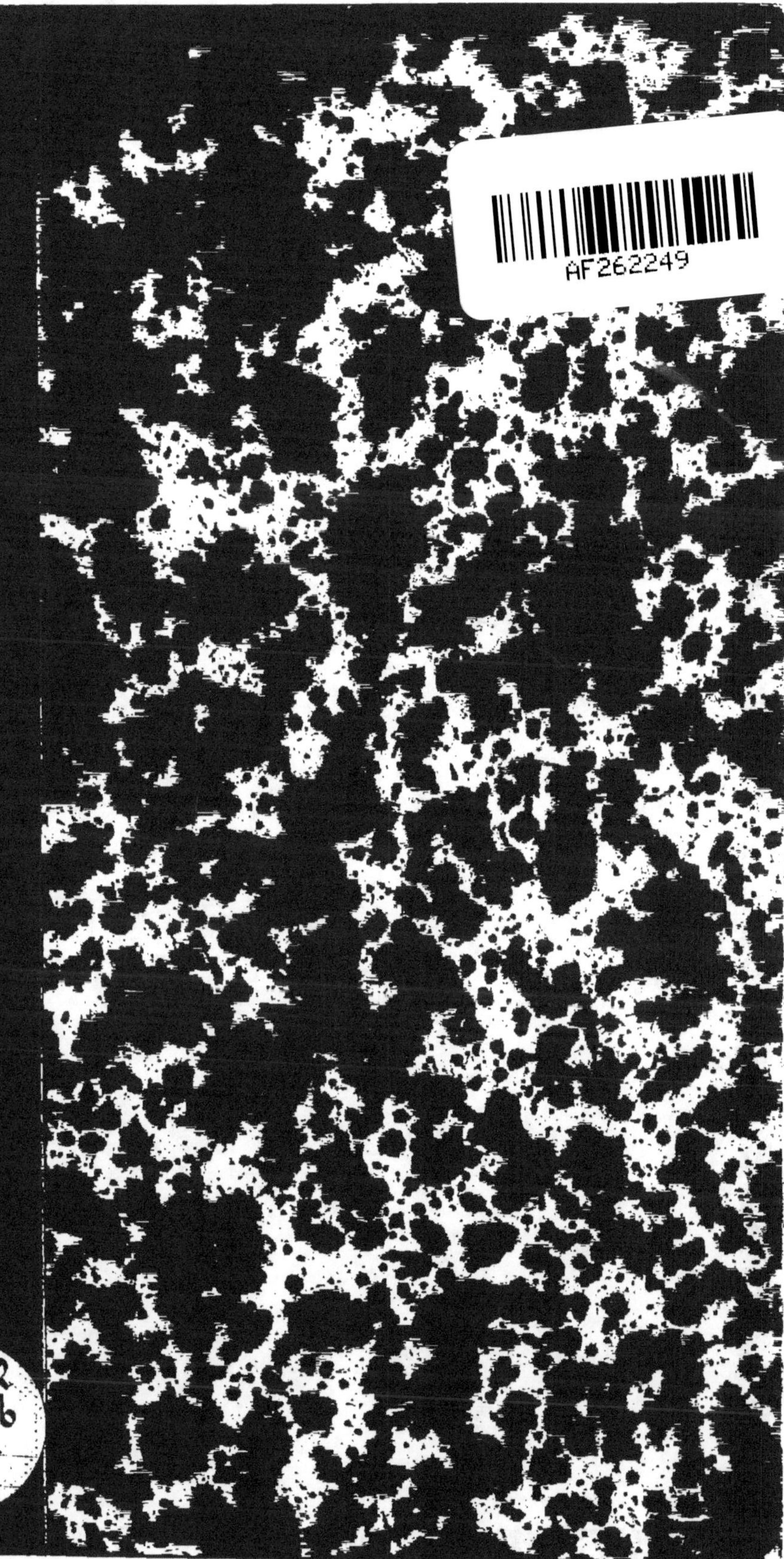

ENCORE UN MOT

SUR LA

REVOLUTION FRANÇOISE

ET

PAR CONTRE-COUP

SUR LA

REVOLUTION DE LIEGE

SA FILLE AINÉE.

— Exoriare aliquis noftris ex offibus ultor.

Virgilius.

LONDRES,

AVRIL.

1799.

AVIS
AU LECTEUR.

Sans que je le dise, le titre de ce Pamflet an-
nonce assés que ce n'est pas pour la première fois
que je parle de la Revolution françoise; mais qui
est-ce qui n'en parle & n'en reparle pas tous les
jours, d'après le mal ou la peur qu'elle lui fait,
car pour du bien, j'aime à croire que personne n'en
attend plus d'autre, que celui qu'on se promet du
fumier qu'on épand sur la terre, après qu'il en a
disparu.

A 2

Mais pourquoi, me dira-t-on, faire autant intervenir dans une ſi grande Revolution, une Revolution d'un ordre ſi inferieur, celle du païs de Liege ? L'affiliation que celle ci préſente ne doit elle pas à cet égard me juſtifier ? J'avois beſoin de données ſures pour établir mes opinions particuliers ſur la Revolution françoiſe, où pouvois je ailleurs les puiſer que dans une Carrière où j'avois eu & le pouvoir & l'occaſion de caver ? Euſſe je même pu glaner dans un champs plus vaſte, je n'euſſe rien eu de plus ſûr à y trouver ; en fait d'Etat, d'Adminiſtration, & même de Revolution, ce n'eſt ni l'etendue ni le poid de la choſe qui eu fait la difference, ils peuvent tout au plus en determiner l'ordre ; la Principauté de liege n'étoit ci-devant pas moins un Etat que le roiaume de France, l'Aigle & le Roitelet ne font ni plus ni moins oifeaux l'un que l'autre.

Il eft un autre reproche au quel je dois encore m'attendre, c'eft de n'avoir pas toujours dit, mais par fois declamé mon mot, & a cette égard j'en uferai envers ceux qui me le feront, ce reproche, comme je l'ai fait envers les Liegeois, lorsque dans le delire de leur Revolution, dont je travaillois à les guerir, ils m'ont pendu ; je les remercierai de la juftice qu'ils m'auront rendue ; je me feli-citerai de l'avoir bien meritée, & je me dirai, comme je me suis dit alors, qu'il ne seroit pas si heureux, s'il n'étoit si glorieux d'avoir à souffrir pour la justice; au surplus peut-on bien vouloir peindre un Volcan sans au moins vouloir y mettre du feu?

La Revolution françoife va avoir dix ans accomplis; la France en étoit depuis longtems groffe; conçüe dans le Cloaque du philofophisme, de l'illuminatisme, du Maçonisme & d'autres fectes femblables qui les avoient précédées, elle dut, en venant au Monde, y verfer tous les maux qui l'innodent aujourd'huy.

Plufieurs années avant ce monftrueux accouchement, j'étois membre du gouvernement dans d'un petit païs tout attenant à la France, & où quantité de rapports, entre lesquels une communauté de langue, avoit introduit une grande conformité dans la façon d'agir & de penfer; tout ceque la licence de la preffe, depuis longtems trop diffimulée; tout ceque des particuliers grands & petits; tout ceque des corporations ou des autorités intermédiaires, mecontents de n'être que de fimples inftruments d'une autorité principale, proferoient ou établif-

foient, en France, de principes ou de préten-
tions contraires à cette autorité, étoit faifi dans
le païs de Liege avec tant d'avidité, que les
troubles qui devoient en être la fuite inévitable y
éclaterent même avant ceux de la France.

Dès l'année 1786. l'oubli des vrais principes
& la foibleffe des gouvernements, qui paroiffoit
croître en proportion de l'audace qu'on mettoit
& de l'impunité qu'on trouvoit par tout à les fron-
der & à les avilir, me firent craindre de bien
promptes & finiftres fuites; je les prefageai à mes
concitoiens dans les termes fuivants „Citoïens ho-
„nêtes qui ne trempés ni dans l'un ni dans l'au-
„tre des vices dont la trifte combinaifon frappe
„vos yeux, puiffiés - vous à jamais en ignorer les
„dangers & n'avoir point à vous écrier *in quœ*
„*incidimus tempora!* … *quid plectimur Achivi!*"

N'eft - ce point en effet dans la funefte combinaifon de l'audace des peuples, en tous fens agi-
tés, & de la foibleffe des Gouvernements énervés
& avilis, — dans le relachement de tous les liens
de la fociété, à commencer par celui de la Réli-
gion, qu'il faut chercher la caufe des maux qui
affligent fi particuliérement la fin de notre fiecle?

En 1787, lorsqu'en france les principes revolutionaires étoient encore comprimés dans le sein de ceux qui meditoient la revolution, on les proffeffoit deja ouvertement dans le païs de Liege; on conteftoit au Prince toute fon autorité, & en fe l'arrogeant, ceux qui la lui conteftoient declaroient de vouloir oppofer la force à la force qu'on croiroit pouvoir emploier pour les ramener à l'ordre; l'orage étoit des plus épais, la Revolution alloit éclater à Spa & de là dans tout le païs de Liege; une preuve bien évidente que ce n'etoit que la foibleffe du gouvernement qui le provoquoit, cet orage, c'eft qu'il ne fallut qu'une apparence de coup d'autorité pour le diffiper & pour l'eloigner de deux ans, & peut être pour toujours, fi la revolution françoife n'en eut enfuite accompli & precipité la chute.

A L'Epoque dont, je parle on avoit à Liege pour envoié & Miniftre plénipotentiare de France, Mr. le Marquis de St. Croix, connû depuis dans la revolution & Envoié par Elle en Pologne & à Conftantinople, fous le nom de Citoien Defcorches; la principale & plus intime liaifon de ce Miniftre du Roi Louis XVI. à Liege avoit été celle du Bourguemaitre Fabri devenu en 1789. le principal chef de la Revolution Liegeoife; Mirabeau lui-même avoit été plufieurs fois à Liege,

comme de paſſage, & en pourparlers avec les
initiés de ce païs; en général tout cequi ſe paſ-
ſoit alors dans le païs de Liege & principalement
à Spa offroit aſſès l'aſpect d'un eſſai à faire des
ſcenes qui ſe preparoient à Verſailles & à Paris; à peine le coup avoit manqué que L'Abbé
Seyes & le Duc d'Orleans arriverent à Spa comme pour le redreſſer. Sa future Egalité en eut
bien l'envie en effet, mais ſur ce quil lui fut dit à
l'oreille que la choſe pourroit bien mal tourner
pour lui, il ſe raviſa.

Grand-Vicaire de l'Evèque de Chartres avec
lequel il étoit à Spa, l'Abbé Seyes n'avoit encore alors que peu ou point de célebrité; cependant on remarqua, ſans qu'on ſçut l'intention
qu'il y mettoit, qu'il s'occupoit beaucoup de conſtitution; ce mot étoit fort à la mode & dans la
bouche de tout le monde à Spa; chacun des partis du païs de Liege en invoquoit la conſtitution
en ſa faveur, c'etoit le propos du jour parmis les
étrangers qui s'y trouvoient; Seyes y mettant
plus d'interet que tout autre, demanda s'il n'exi-
ſtoit pas quelqu'ouvrage qui put lui donner une
idée de cette conſtitution; on lui procura le petit
ouvrage dont, je viens de citer le paſſage final,
intitulé. *Coup d'Oeil ſur l'hiſtoire & la cnſtitution
du païs de Liege &c.* - il y trouva de quoi feli-

citer de petit païs d'avoir sçu, dans des tems si reculés, se donner une forme de Gouvernement aussi sage & aussi profonde; ce fut en ces termes qu'il s'en expliqua à un diner chès l'Electeur de Cologne où nous étions, lui & moi, à peuprès en douzieme; à ce prémier éloge de la constitution du païs de Liege, il ajouta qu'il en faudroit une pareille à la France; sur cela l'Electeur daignant m'adresser la parole, me dit en souriant „ qu'en pensés - Vous, Monf. l'Abbé? Dès ce moment l'ouvrage qu'il avoit lû cessa d'être anonime pour Mr. l'Abbé Seyes & en Echange du compliment qu'il m'en fit, je lui marquai mon étonnement de ce qu'il croioit que l'habit d'un Pigmée, comme le païs de Liege, pût jamais convenir à un Coloffe tel que le Roïaume de France; sur quoi l'entrétien aïant amené divers rapprochements, entre autres, la consideration que la constitution du petit païs de Liege étoit presqu'en identité la même que celle de la grande Bretagne, on cessa d'être aussi étonné qu'on l'avoit dabord été du propos de Mr. l'Abbé; mais loin de revenir de cet étonnement, on s'y feroit bien autrement livré; si on avoit pu dèslors se douter du Rôle que Mr. l'Abbé Seyes, le redacteur des droit de l'homme, devoit jouer deux annés plustard.

Deux ans plustard au commencement de l'été

de 1789 la grande Revolution eclata en france, & a peu près deux mois après, le 18. Août de la même année, elle fut imitée a Liege; dès le 15 du même mois je l'annonçai comme inévitable au Prince de Liege au quel je ne pus faire adopter le confeil de la prévenir; après avoir vainement fait ou fuggeré de faire tout ce qui eut encore pu reculer, cette revolution de Liege, & quoique je me fuffe ainfi rendu le perfonage le plus odieux, & le plus recherchable, à fes auteurs & à fes profelites, je n'avois quitté Liege qu'a la derniere extremité ; j'étois à peine arrivé de deux heures à Maftricht, où je me retirai, que la nouvelle de ce qui s'étoit paffé à Liege y étoit auffi; tout ce qui s'étoit fait en France à l'occafion où le Roi fe rendit de Verfailles à la Maifon de Ville de Paris, inclufivement ceque lui dit le Maire Bailli ,, que le plus beau jour des annales de la France feroit deformais celui où la Nation avoit reconquis fon Roi" fut fingé & parodié à Liege par les Bourguemaîtres Fabri & Cheftret.

Dans fa Cataftrophe le Prince de Liege eut cependant un bonheur au quel Louis XVI. n'a jamais pu atteindre ; à la faveur de l'opinion qu'on avoit de fa foibleffe, & qu'il n'auroit pas le courage de s'en fuir, on ne prit que peu de précautions pour le garder, & à l'aide d'un affidé qui m'appartenoit de très près, il trouva le moïen d'échapper aux mains de ſes ſoi - diſants conquerants & de ſe refugier à Treves; quoique loin d'eux & en lieu de ſureté, il étoit encore tellement ſaiſi de la peur de retomber entre leurs mains, ou d'en être atteint par tout où il feroit, que ſon prémièr ſoin en arrivant à Treves, ou y allant, avoit été de deſavouer publiquement tout cequ'on pourroit faire poûr Lui & en ſon nom contre des ſujets rebelles, tant il croïoit, ne pouvoir jamais éviter de ſe remettre un jour a leur diſcretion; ſi la puſillanimité, & la nullité même d'une ſemblable declaration n'euſſent été auſſi patentes qu'elles l'étoient, elles euſſent étrangement contraſté les demarches que je m'étois mis en devoir de faire pour lui; la chambre impériale de Wetzlar ne fit pas plus de cas que moi de cette declaration; d'office, & ſur la ſeule fâme publique, elle anathematiſa la revolte des Liegeois, & d'après la conſtitution de l'empire, elle déféra l'execution de ſes mandats aux trois Princes directeurs du cercle de Weſtphalie, Munſter, Cleves & Juliers. Helas! que n'a - t - il exiſté, à propos de la revolte & de la revolution des François, un pareil tribunal pour toute l'Europe! un tribunal qui eût eu le droit d'armer l'Europe contre les François!

Sitôt que je fûs inftruit de l'evafion du prince de Liege & du lieu de fa retraite, je lui écrivis une lettre propre à lui faire fonder l'abîme où nous avoient plongés fa foibleffe & celle des confeils aux quels il s'étoit de préférence livré; j'y ajoutai tout ce que l'imagination, le zele, la fidélité & l'amour de mon païs purent me fuggerer de confeils propres à nous tirer, lui & nous, d'une fi deplorable fituation. Loin de s'offenfer de cette efpèce de reproches il les prit en patience, & fur ce que je lui confeillois, il pretexta fon âge fa fanté & fon éloignement des affaires pour n'en rien faire, & il préféra, pour y fuppler, de m'abbandonner tous les pouvoirs dont je croirois avoir befoin pour faire en fon nom, pour lui & pour nous, tout ce que je trouverois le plus à propos dans une conjonĉture auffi critique & auffi difficile.

Voilà comme il eft arrivé que de fimple membre que j'étois, par état, du gouvernement de Liege, j'en devinfe tout à coup le chef & pour ainfi dire l'arbitre, fans cependant que j'euffe autrement lieu d'en être flatté, puisque tout cela n'étoit qu'un pur effet de circonftances & de néceffité; & voilà comment en maniant les affaires du païs de Liege pendant fa revolution & fa contre-révolution, j'ai pû puifer dans fes élements & dans fes rapports avec la Revolution françoife, de quoi affeoir de bonne heure mes opinions particulieres fur cette dernière, de quoi apprecier affés tôt & avec quelque juftefe, ainfi qu'on va le voir, tous les dangers de fes principes, toute l'étendue de fes vûes, tout le poid de fes moiens & par conféquent tous les moiens qu'il a fallu & qu'il faudra encore lui oppofer.

Entre les trois princes aux quels la chambre impériale de Wetzlar avoit deferé l'execution de fes mandements contre l'infurrection des Liegeois, il y en avoit un, qui égaré par les agents qu'il y emploioit, fembloit y porter des vües peu conformes à la conftitution de l'empire germanique; L'Electeur de Maïence, prince fage & eclairé & qui, par fon eminente Dignité, eft le premier organe de cette conftitution, avoit écrit à ce prince une lettre tout à fait mémorable pour lui rappeller & l'ordre & les loix de l'empire; le Salut du prince & du païs de Liege dependoit uniquement du plus exacte maintien de ces loix; en appréciant la demarche de l'Electeur, d'après cette confidération, je crus de mon devoir & de la bonne direction des affaires qui m'étoient confiées d'aller en remercier fon A. E. j'en fus reçu le 2. Janvier 1790 avec un accueil tel que le repréfentant d'un prince fugitif & opprimé ne pouvoit guère l'attendre ; après avoir proferé les juftes remerciements qui m'y amenoient, je lui fis le tableau de la deplorable fituation où le prince, l'eglife & le païs de Liege fe trouvoient ; encouragé par l'attention qu'il y prétoit & par l'intérét qu'il me paroifsoit y prendre, je me permis de le prier de raïer de ce tableau les noms qu'il préfentoit, & de ne plus y voir qu'une ébauche fidele des deftinées que la Revolution françoife préparoit à tout l'Empire, dont il étoit le premièr prince, & à toute l'Europe, fi l'Europe & l'Empire ne fe hatoient d'ourdir une *Coalition* propre à former une digue impénétrable à ce torrent deftructeur de tout ce qui alloit en être atteint.

Ceque la direction des affaires du païs de Liege m'avoit fourni l'occafion de dire à l'Electeur de Maïence dans les prémiers jours de 1790 je le reperai, à l'Empereur Léopold à Francfort à l'arriere faifon de la même année, lorsque la direction des mêmes affaires m'obligea de Solliciter pour elles la puifsante intervention de ce prince, dans fa double qualité de chef & de membre de l'impire ; c'eft à cette belle & loïale intervention qu'on dut l'heureufe iffue que prirent les affaires de Liege dès le commençement de l'année fuivante, & c'eft ainfi qu'en faifant ces affaires le moins mal que je pouvois, je me fuis trouvé, comme par hazard, porté au Role d'un des prémiers apôtres de la coalition qui s'eft formée contre la Revolution Françoife.

Cequ'on appelle aujourd'huy Coalition, expreffion ci-devant presque peculiaire aux différents partis du gouvernement anglois, a de tous tems été connu & pratiqué fous le nom de ligues parmis les peuples civilifés; c'eft l'affociation de plufieurs peuples moins puiffants pour en contrebalancer un qui eft plus puiffant que chacun d'eux, & pour fe garantir des dangers aux quels ils feroient fans cela de fa part expofés; c'eft un augmentatif de la prémière affociation des hommes contre le plus fort, qui leur feroit devenu fi nuifible à tous s'ils étoient reftés ifolés; comme celle-ci, l'affociation de plufieurs peuples plus foibles, contre un peuple plus puiffant, n'a jamais dû être, quant à l'efprit, que defenfive; cependant à dâter des ligues Achaïenes jusqu'a celles de nos jours, on en a peu ou point du tout vüe de veritablement conçue dans cet efprit, de là leur mauvais fuccés & l'opinion presque générale qu'aucune ligue n'avoit jamais reuffi & ne pourroit jamais réuffir. On ne peut certainement pas difconvenir que les plus grands inconvenients ne foient inherents à la chofe même; c'eft en

B

politique comme le fublimé en medecine, il tue plus fouvent qu'il ne guerit, mais quand la guerifon tient à ce feul remede, il faut bien en courrir les rifques; c'étoit, & c'eft encore le cas de l'Europe à la face de la Revolution françoife.

J'ai dit & écrit dès le principe de cette Revolution, & il y a cinq ans que j'ai publié par la voie de l'impreffion qu'il n'y avoit de la part de l'Europe, pour lui obvier, qu'une Revolution fi point égale, au moins analogue à lui oppofer.

Du moment où elle s'eft mife en état de Revolution, la France a fait, d'une nation de vingt quatre millions d'hommes, divifés en trois états & en grand nombre de corporations qui avoient tous un efprit & des intéréts differents, une feule & même maffe, où toute difference d'interet & d'efprit a dès l'inftant & au moins pour quelque tems, difparu; fortement & en tous fens agitée un maffe de cette nature a du nécéffairement ébranler tout ce qui étoit plus ou moins immediatement dans fon contact, l'Europe d'un bout à l'autre & même les quatre parties du Monde ont du en refentir la fecoufe presqu'en même tems; aucune puiffance de l'Europe feparement des autres n'offroit une maffe egale à celle là; en eut-il même exifté une, l'ordre & le calme préexiftent qui y regnoit encore l'eut rendue incapable de rompre ou d'arreter le mouvement des François ; *gutta cavat lapidem*, ce n'eft que par fa chûte continuellement agiffante fur l'inertie de la pierre qu'une goute d'eau parvient à la creufer ; pour arreter ou pour rompre le mouvement de la Revolution françoife, pour faire qu'il n'agiffe que fur la france même, il a fallu & il faudra toujours non feulement oppofer à la maffe des François, une maffe égale ou qui la furpaffe, mais encore donner à celle-ci un mouvement analogue à celui qu'on a fcu donner à la Maffe des François, c'eft-a-dire un mouvement ou une revolution qui ôte aux puiffances coalifées jufqu'à la moindre nuance d'efprit & d'interet particulier, pour n'en faire qu'un feul & même corps, animé d'une feule & même âme, allant vers un feul & même But ; je le repete fans tous ces caractères, fans la revolution qu'il faut pour les lui donner ; fans une parfaite refignation de la part des nations & des gouvernements de l'Europe à ajourner au moins pour longtems, ou à abjurer pour toujours leurs haines, leurs rivalités, & toute efpace d'efprit & d'interet particulier ; fans faire de leur exiftence actuelle & de fon maintien le feul & unique But de leur coalition, & fans qu'ils concourrent tous également en proportion de leurs moiens à donner à celle ci l'activité & l'énergie qu'il lui faut, il ne s'en organifera jamais une qui puiſſe les ſouſtraire aux dangers dont la revolution françoiſe les menace également. Il eſt poſſible que juſqu'-ici les puiſſances de l'Europe aient eu de juſtes reproches à ſe faire reciproquement *iliacos intra muros peccatum eſt & extra*, ſi elles continuent & ſi elles ſe bornent plus longtems à cela, loin de redreſſer aucun tort, on y mettra le comble de toutes parts, & on y perira.

Quelque preſſantes & palpables que ſoient ces verités, je deſeſpererois encore aujourdhuy autant que bien d'autres de les voir fructifier, ſi l'experience de dix ans de malheurs & de calamités, & ſi tant de princes & de peuples victimes du peu de cas qu'ils en ont fait, ne les avoient rendues auſſi impérieuſes qu'elles le ſont.

Les François avant d'avoir fait l'experience d'une coalition mal ourdie, avant d'avoir eu contre elle tant de ſuccés inattendus, avoient vu & craint tout ce qu'ils pouvoient avoir à craindre d'une coalition telle que leur Revolution la provoquoit; je ne hazarde rien en attribuant cette crainte aux François; je vais en fournir la preuve, elle entre dans le But de mon travail qui eſt d'-établir de plus en plus l'opinion qu'une coalition de cette nature a toujours été & fera toujours l'unique voïe qu'on ait pour en finir folidement avec les François, & pour trouver dans les précieux reftes de l'Europe *l'exoriare aliquis noftris ex offibus ultor* qui, après Dieu, doit faire l'objet de fes plus preffantes invocations.

Dès le commençement de 1791 le Prince de Liege avoit été retabli dans fes états ; j'y étois rentré quelques femaines avant lui ; je continuois à en diriger les affaires ; on étoit occupé a guerir les plaies de la Revolution ; par une fuite des mefures qu'on avoit prifes pour leur faire plus de peur que de mal, fes principaux auteurs & fes plus ardents profelites s'etoient enfuis, il ne s'agiffoit dejà plus que de ramener le grand nombre d'égarés ; toutes les difficultés qui avoient fervi de pretexte à la Revolution avoient été applanies ; une nouvelle conftitution ou pour mieux dire l'ancienne conftitution nouvellement expliquée, d'un commun accord entre le prince & les fujets, avoit mis dans un jour plus clair & rendues moins fujets à conteftation les bornes des prérogatives réfpectives entre le prince & les Etats, & les Etats entr'eux ; tout prefageoit au petit pais de Liege (pais heureux s'il eu fut jamais) le retour d'un repos folide & durable, mais la grande nation voifine, & les regrets de fon gouvernement revolutionaire d'avoir perdu cette fille ainée avant d'avoir ſçu la porter à la hauteur de ſa mère, pouvoit encore lui faire craindre tout le contraire; de fait, & pour achever ce que le citöien Descorches n'avoit ſçu qu'ebaucher, la convention penſa à noüs envoïer un meilleur faiſeur, un homme plus expérimenté & plus rompu dans la manœuvre revolutionaire, en un mot le citöien Bonnecarere, le prémièr ſecretaire du glub des Jacobins, le jacobin le mieux prononcé, le plus adroit & le plus ſeduiſant que l'Antre pût produire; le Roi vivoit encore, & malheureuſement pour lui ſon nom figuroit encore parmis les horreurs de la France; c'étoit ſous les reſpeĉtables & trompeuſes apparences d'un miniſtre plenipotentiaire de S. M. T. C. que le fameux Bonnecarere devoit venir à Liege, établir dans cette capitale, formente un centre entre la Belgigue, la Hollande & l'Allemagne, un föier de Revolution, propre à en repandre la lumière & le feu dans ſes envii ons; à Paris trois miniſtres ſe ſuccederent rapidement alors dans le Departement des affaires étrangeres, Montmorin de Leſſart & Dumourier, tous trois inſiſterent virement ſur la miſſion & ſur l'admiſſion de Bonnecarere; Dumourier ſurtout y mit une Vehemence, & des menaces propres à faire craindre qu'il ne dut reſter pierre ſur pierre dans le païs de Liege, ſi on apportoit encore le moindre retard aux juſtes intentions du Roi. La choſe devenoit d'autant plus ſerieuſe, que les localités & les mõiens, entre les deux païs, étoient tels, qu'en moins de trois fois vingt quatre heures, les françois pouvoient avoir realiſé tout ce dont ils nous menaçoient; ce fut le citõien Nicolas Michel Jolivet, reſté chargé d'affaires dans l'abſence du citõien Descorches, Marquis de Sainte Croix qui preſenta l'epouvantable *ultimatum* des françois à cet égard; il pouvoit y avoir mis du ſien, quant aux expreſſions, crainte qu'il n'en fit de même dans l'envoi de la reponſe qui y ſeroit faite, on lui notifia que cette reponſe ſeroit directement envõiée & preſentée par le réſident de Liege à Paris; on y avoit ſcrupuleuſement obſervé deux choſes, de ne point irriter outre méſure un gouvernement qui paroiſſoit dejà fort redouté de toutes parts, & de ne point manquer aux juſtes égards qu'on devoit encore au nom de Louis XVI. à cela près, & quoique cette reſponſe fut conçüe dans les termes les plus reſpectueux & les plus meſurés, elle fut abſolument negative.

Dans un cas comme dans l'autre le païs de Liege étoit à la veille d'être revolutioné, c'eſt-à-dire perdu, par les françois, il ne s'agiſſoit donc que de la fatale alternative ou de l'être par une force ouverte, ou à la fuite d'une lâche complaifance dont les remords ne pouvoient qu'approfondir d'avantage l'abîme de la Revolution; peu accoutumé à la fermété que prefentoit le choix que nous fimes dans cette affreufe collifion, le gouvernement françois en fut étonné & frappé au point de ne plus voir dans le petit Prince de Liege qu'une forte de Manequin qu'une force cachée & redoutable mettoit en avant pour le provoquer; il envifagea le prince de Liege du même oeil que Louis XIV. l'avoit vu dans un cas femblable; il crut que la chofe valoit bien la peine d'y penfer, l'execution de fes menaces & la Miffion de Bonnecarere furent ajournées & le païs de Liege put fe dire au moins pour quelque tems, *audaces fortuna juvat timidosquè repellit*, je dis, pendant quelque tems, puisque les evenements arrivés vers la fin des deux années fuivantes, durent néceffairement & independemment de tous les rapports precedents, importer la perte du païs de Liege.

On fe demandera peut-être en lifant ce trait de fermété & les bons effets qu'il a produits par quelle fatalité il à été refervé à l'impuiffante puiffance d'un prince de Liege de le pratiquer? pourquoi l'attitude des vraies puiffances envers la France a été alors fi différente? pourquoi le petit

Prince de Liege n'a pas été en effet leur Manequin autant que les François le soupçonnoient; & sur tout cela il ne reste de bon à repondre si ce n'est, qu'il vaut mieux tard que jamais; le tems & l'experience, ces grands maitres des hommes & des gouvernements ont du apprendre a d'autres gouvernements qu'à celui de Liege, que les dangers extrêmes qui le forcoient a d'extrêmes mesures pouvoient & devoient aussi les atteindre; tant de princes y ont deja succombé qu'il n'en est plus un, si puissant qu'il soit, qui ne les craigne, ou qui ne doive les craindre; qui ne s'unisse, ou qui ne doive s'unir à tous les autres pour les repousser; quand on voit la Porte Ottomane & l'Empire des Russies, la Prusse & l'Autriche, la Mer & le Continent reunis pour concourrir à ce grand But, quel est l'homme, quel est le gouvernement, qui puisse encore douter que le doigt du ciel n'agisse en tout cela, & qu'il ne soit prêt à rompre la verge de fer avec laquelle il nous a si longtems & si justement frappés. *)

*) Ce n'est pas tant d'après mes notions, que suivant mes vues & mes voeux, que je parle ici de certaine puissance dont la veritable attitude pourroit bien être tout à fait differente de celle dans laquelle je la place; s'il y a erreur dans ceque j'en dis, elle doit parroitre assés volontaire & assés officieuse pour que de toute part on me la pardonne; au surplus quelque puisse être l'etat & la durée de cette puissance, on peut dès à present lui prédire quelle n'aura pas deux fois l'occasion de jouer un rôle aussi utile & aussi glorieux que celui que la presente conjoncture de l'Europe lui offre.

Quoique difent & quoique faffent le haut directoire de la grande Nation, les agents & les organes de toute efpece qu'il emploie, perfonne, & moins que perfonne, aucune puiffance, ne fauroit plus prendre le change fur les vües de la Revolution & de la Republique francoife; elles font manifeftement de faire de l'Europe un amas de Republiques plus ou moins immediatement dependentes de la Republique Mere, en plaçant chès Elles, comme autant de garnifons dans autant de fortereffes, une partie des nombreufes armées qu'elle a vomi de fon fein, & qu'elle ne pourroit y faire rentrer fans les plus grands dangers; parmis tant d'horribles moïens dont la France revolutionaire s'eft fervie pour fe decharger d'une partie des millions d'homme qu'elle a jugé avoir de trop, elle n'a guère pu en imaginer de plus utile & de moins mauvais; & quelque chimeriques que puiffent paroitre ces vües que les françois n'ont jamais pris & prennent moins que jamais la peine de masquer, elles font dès à prefent de la Republique françoife l'ennemie jurée & naturelle de toute puiffance & de tout gouvernement encore exiftent, puisque, d'après le fuccès de ces vües, tout gouvernement quelconque va être dans le cas ou de ne plus exifter ou de n'exifter que fous une forme tout a fait differente & exclufive de celle qu'il a actuelle-

ment, tout à fait dependente du bon plaifir des
François.

Malgré le delire dans lequel la France a dabord
entrepris cette marche; Elle n'a cependant pas
tardé de s'appercevoir qu'elle exigeoit plus d'un
pas, & qu'elle en avoit d'abord fait un faux en-
prennant toute l'Europe a partie; delà les paix par-
tielles qu'elle a faites avec l'Espagne, la Prusse &
la Sardaigne, avec Rome & avec Naples; tout
cela, qui n'etoit que s'arrêter, pour reprendre
haleine & mieux fauter, ne suffisfoit point encore
à l'execution de ses énormes projets; de là les
alliances offensives & defensives qu'elle a contra-
ctées ou cherché a contracter, non feulement avec
ceux avec qui elle avoit pacifié, mais encore avec
d'autres; par exemple avec la Maifon d'Autriche
en vüe & avec l'appat d'anneantir la Prusse; avec
la Prusse, fous la feduifante perspective d'humilier
la Maifon d'Autriche, & avec la Porte pour la
mettre une bonne fois à même d'abaisser la Russie;
Puissances qu'a cette occasion la France a fçu
peindre comme plus ennemies naturelles & reci-
proques les unes des autres qu'elles ne le font encore en effet; fuppofons cependant pour un moment qu'elles le foient autant que la France a
voulu le leur faire croire; cette france en feroit-
elle moins l'ennemie naturelle de chacune d'El-

les ? ne feroit - elle pas dabord pour chacune d'Elles & finalment pour toutes, une ennemie beaucoup plus naturelle, beaucoup plus inquietante & plus à craindre que celle a côté de laquelle on auroit pu depuis fi longtems exifter, à laquelle on auroit depuis fi longtems fçu refifter ? quelle eft parmis les puiffances qu'on vient de nommer celle qui pourroit fe flatter d'exifter à côté de la France, ou de lui refifter, lorsque la France, foit fans, ou avec fon aide, feroit encore parvenüe a en detruire une ou plufieurs d'elles ? Non, il n'eft pas poffible de penfer que des confiderations de cette nature puiffent avoir echappé à aucune d'elles, qu'aucune puiffe ne pas être parfaitement d'accord avec toutes les autres fur le feul & unique parti qui leur refte à prendre, de fe coalifer de corps, d'ame & de moïens, non contre la France, mais contre la Revolution francoife & de ne plus voir ailleurs que dans cette derniere la feule en- nemie naturelle & jurée qu'elles ont toutes; il ne s'agit donc plus de former une Coalition que la conjonĉture des têms & la nature des chofes doi- vent avoir elles mêmes formée, il ne doit plus être queftion que de fixer & d'applanir les voies par lefquelles elle doit marcher vers le But uni- que qu'elle a de fauver l'Europe & la France elle même, en les retirant ou en les préfervant des maux & des calamités que la Revolution francoife ou leur a fait éprouver ou leur préparoit; & puisque nulle puiffance, nulle nation, à la longue, n'en eut été à l'abris, nulle nation & nulle puiffance ne peut legitimement fe defendre de concourrir en proportion de fes moïens à en anneantir le danger. —

„*Qui non eft pro nobis eft contra nos*" fut jadis la devife d'un ordre celebre qui fçut toujours allier deux chofes auffi difficiles qu' effentielles à combiner, la politique & la Religion; cette même combinaifon fe prefente toute entiere à la Coalition que la conjonĉture prefente exige, & cette devife pourroit être le premier article de fon fimbole; toute neutralité doit lui être fufpeĉte, & foupçonnée tout au moins de vouloir tirer profit d'un defaftre commun; à combien de peuples & de gouvernemens cette avidité n'a-t-elle pas deja été funefte; malheur à ceux, à qui leur exemple n'auroit pas fervi de leçon; dans une lutte à mort, telle que celle ou la Revolution, françoife & l'Europe fe trouvent engagées, ils ne peuvent à la fin être qu'un objet de reffentiment pour celle des deux qui triomphera; pour peu que l'Europe veuille fe fervir des mêmes armes que fon ennemie, pour peu qu'elle veuille proportionner fa defenfe à la nature de l'attaque qu'elle effuie, ce triomphe ne fauroit être plus longtems douteux; il n'eſt ni moïen ni expedient ſi noir & ſi condamnable dans celui qui attaque librement, que la nécéſſité d'une juſte defenſe ne doive juſtifier dans celui qui doit le repouſſer; les avances, toutes énormes qu'elles ſoient, qu'on a laiſſées prendre aux françois, peuvent d'un inſtant à l'autre leur devenir funeſtes, elles doivent l'être en proportion des malheurs & du deſeſpoir que leurs ſuccès ont portés auſſi bien chès ceux qui les ont coupablement provoqués que chès ceux qui n'en ont été que les innocentes victimes; fideles à leur profeſſion ouverte de tout niveller de tout égaliſer, les françois n'ont pas mis la moindre difference entre leurs amis & leurs ennemis; dès qu'ils ont pu les atteindre ce n'a été que pour leur faire ſubir les mêmes deſtinées; Peuples vous ſavés quelles ſont, ces deſtinées; quelqu' éloignés que vous puiſſiés encore en être, vous n'en êtes pas moins menacés; les lamentations de ceux qui les éprouvent doivent depuis longtems avoir frappé vos oreilles, puiſſent-elles egalement vous avoir touché le cœur; elle ne peut qu'être terrible, cette ſenſation, mais elle vous ſera également ſalutaire; elle vous diſpoſera à voir encore à tems les maux dont vous êtes menacés, & à vous preter plus promptement à tout ce qui doit vous faire eviter d'y ſuccomber.

A commencer par l'immenſe peuple de la France, jusqu'aux peuples Napolitain & Toſcan, dernieres & encore fumantes victimes de la Revolution françoiſe, il n'en eſt pas un qui ne pût vous dire, & dont le pitoiable exemple ne doive vous avoir appris cequ'elles eſt, cette Revolution françoiſe, que ſes armées portent par tout; tenés-vous-en à cette leçon, ne cherchés point à la connoître de plus près & à plus grands fraix; ſi jamais elle arrivoit jusqu'a vous, Homme de tel lieu & de telle condition que vous ſoiés, ce ne ſeroit que pour vous laiſſer en échange de tout ce qu'elle vous enleveroit, c'eſt à-dire de tout ce que vous avés de plus cher & de plus précieux; que le Bonheur étrange & forcé de vous croire heureux au milieu de toutes les calamités, libre dans les fers les plus durs, & egal à celui qui vous y tiendroit enchainé; ſes ſtatuts ne ſont pas moins faits pour ceux qui gouvernent que pour ceux qui ſont gouvernés; c'eſt principalement à ceux-là qu'elle en veut; elle ſait que pour abatre un corps c'eſt par la tête qu'il faut commencer; c'eſt pour cela que voulant plus ſurement vous detruire elle a toujours commencé à vous indiſpoſer & à vous armer contre vos Roi; plus elle cherche à vous éloigner d'eux, plus il eſt de votre interet de vous y attacher, & telle eſt votre poſition reſpective qu'il faut que vos Rois

ofent ou fe perdre ou regner, & que vous, Peuples, fi vous voulés vous fouftraire au plus grand
de tous les malheurs, au plus dur , au plus inique
& au plus deteftable de tous les jougs, vous fa-
chiés au moins vous accommoder au malheur inévitable de devoir le repouffer.

En apportant à une fi jufte repulfion l'efprit
d'ordre & de Religion que vous lui devés, vous
ne devés y marcher qu' avec une pleine affurance
de fuccès;   c'en feroit un d'y perir, fi le ciel l'a-
voit ainfi decreté; quel eft l'homme, fi ce n'eft
le plus lache & le plus indigne de tous qui put
craindre d'avoir même a mourir dans l'accompliffe-
ment du plus glorieux de fes devoirs, en combat-
tant pour fon Dieu & pour fon Roi, en defendant
fa vie & fes foiérs ? n'eft ce pas là tout ce que la
Revolution françoife a entrepris de combattre, de
detruire ou de s'affujettir; n'eft ce pas à l'abnega-
tion de tout cela qu'elle attache la vie de ceux
qui ne trouvent ni honteux ni infupportable de
la conferver à ce prix là; qu'on fe rappelle je
ne dirai pas feulement les ferments, le culte,
mais l'air & la mine même qu'elle exige de ceux
qu'elle accable, & qu'elle foummet ; en un mot
il n'eft qu'à Elle de fe peindre telle qu'elle eft, mais
malheur à quiconque voudra ne la connoître &
ne la juger que de cette façon !

* 9 7 8 2 0 1 3 3 8 7 7 8 1 *